①尊重について、②暴力とは何か、③本題の DV とは何か、を教える。

◆**目的：「人間関係について」考えることの導入**

1．人との出会いについて

● みなさんは学校や社会の中で、たくさんの人と出会っています。そしてこれからも、多くの出会いが待っています。

● 今までの生活の中で、「この人と出会えて良かったな」と思うこともあれば、「この人と一緒にいると疲れるな」と思うこともあると思います。

「いかがですか？」と何人かの生徒に問いかけて反応を見ながら、授業に引き付けていく。

● それは、自然な感情です。

人との出会いについて

・みなさんは学校や社会の中で、たくさんの人と出会っています。そしてこれからも、多くの出会いが待っています。

・今までの生活の中で、「この人と出会えて良かったな」と思うこともあれば、「この人と一緒にいると疲れるな」と思うこともあると思います。

それは、自然な感情です

◆目的：「尊重とは？」の理解

2. 人を尊重するってどういうこと？（1）

例：心優しい先輩がいると、クラブ全体が優しさで包まれる。
　　いじわるな先輩が威張っていると、みんなギスギスし
　　た雰囲気になり、いじめがおこる。

「みなさんのクラブでは、このようなことはありませんか？」
と、何人かの生徒に問いかける。

● 人を尊重することが出来ている人は、
「この人といると、自分も、優しい気持ちになれるなあ」と、
自然と多くの人から思われている。

人を尊重するってどういうこと？ （1）

例：**心優しい先輩がいると、クラブ全体が優しさで包まれる。**

いじわるな先輩が威張っていると、みんなギスギスした
雰囲気になり、いじめがおこる。

・**人を尊重することが出来ている人は、**

「この人といると、自分も、優しい気持ちになれるなあ」
と、自然と多くの人から思われている。

3.人を尊重するってどういうこと？（2）

　例：「今日の国語の授業の時の発表、すごく良かったよ」
　　　という何気ない友人の言葉で、すごくやる気が出た。
　　　実は、発表の時、すごく緊張をしていたから。

●**人を尊重することが出来ている人は、**
　相手の良さを引き上げて、伸ばすことができる。「この人と一
　緒にいると、自分が良い方に伸びていく、自分の良さが発見で
　きる、自然と、自分が頑張れる」と思われています。

　「このような経験はありませんか？　私は昔、この言葉を言われて自
信が湧いてきたことを、今でも覚えています」などの例を、授業者が
出していく。「みなさんはいかがですか？」と、生徒に聞いていく。
　「あります」と答えた生徒に「どんなことがありましたか？」と聞い
ていく。答えてくれたら、「それは嬉しかったでしょうね」など、盛り
上げていく。

人を尊重するってどういうこと？（2）

例：「今日の国語の授業の時の発表、すごく良かったよ」
　　という何気ない友人の言葉で、すごく、やる気が出た。
　　実は、発表の時、すごく緊張をしてたから。

・人を尊重できている人は
相手の良さを引き上げて、伸ばすことができる。
「この人と一緒にいると、自分が良い方に伸びていく、
　自分の良さが発見できる、自然と、自分が頑張れる」
と思われている。

◆**目的**：尊重ができない人の行動は、暴力へとつながっていく
　　　　ことを教える。

> ## 4．人を尊重できない人は…
>
> 　相手を尊重できない人は、悪いところばかり指摘して、きちんと、言葉で説明をしようとしない。話し合いを避けて、自分の感情を押し通すために、相手を暴言や暴力で威圧する。
> 　これからの生活の中で、好きな人ができると思います。相手に対して恋愛感情が生まれると、「好きなのかな？」という、特別な感情が生まれて、自分の気持ちがわからなくなることがあります。

　「あなたのこういうところが悪い」「あなたは～すべきだ」と言ってくる人は、相手を自分の下に置くために、コントロールをかけてくる人なので気をつけましょう。こういう人は、相手の悪いところを探しています。他人には「～すべきだ」と言っておきながら、自分の行動は、伴っていないことが多いのです。

　相手が異性だと、「嫌われたくない」という感情から、「そういうものなのかな」と思ってしまいます。　例えば、「料理は女がするべきだ」とか、「デート代はすべて男が出すべきよ」などの言葉を言う人には注意が必要です。

人を、尊重できない人は‥

・相手を尊重できない人は、悪いところばかり指摘して、きちんと、言葉で説明をしようとしない。話し合いを避けて、自分の感情を押し通すために、相手を暴言や、暴力で威圧する。

注意

これからの生活の中で、好きな人ができると思います。相手に対して恋愛感情が生まれると、「好きなのかな？」という、特別な感情が生まれて、自分の気持ちが、わからなくなることがあります。

5.こんな時、どうしますか？

お互いを尊重するために　男の子の立場

こんな時、どうしますか？

お互いを尊重するために

男の子の立場

6. 高校2年生　牛男の話

　牛男は高校2年生。 彼女、馬子とは付き合い始めて3ヶ月。学習塾で知り合った。

　馬子は同級生。勉強も出来て、テニス部のキャプテン。素直で明るいので、あこがれの的。学校の帰りに、自転車に乗りながら、牛男から告白した。 みんなが「あこがれ」と言っている馬子を彼女にできたのは嬉しい。

（＊生徒は興味深く、ストーリーを聞くので間を置く）

高校2年生　牛男の話

牛男は高校2年生。
彼女、馬子とは付き合い始めて
3ヶ月。馬子は、同級生。
勉強も出来て、テニス部の
キャプテン。素直で明るいので、
あこがれの的。
　学校の帰りに、自転車に乗
りながら、牛男から告白した。
みんなが「あこがれ」と言ってる
馬子を彼女にできたのは
嬉しい。

7. 高校2年生　牛男の話

　でも牛男は最近イライラしている。馬子が忙しいとか言いだして、一緒に会ったりするのを断ることがあるのが気に食わない。「前はもっと素直に、ニコニコしてくれたのに」と思うとムカついてくる。もしかしたら他に好きな男の子ができたのではないか、と思うと不安なのだ。

　今日も馬子は「部活があるから明日は一緒に会えない」と言いだした。

（＊間を置く）

でも牛男は最近イライラしている。馬子が忙しいとか言いだして、一緒に会ったりするのを断ることがあるのが気に食わない。

「前はもっと素直に、ニコニコしてくれたのに」と思うとムカついてくる。

もしかしたら他に好きな男の子ができたのではないか、と思うと不安なのだ。今日も馬子は「部活があるから明日は一緒に会えない」と言いだした。

◆目的：「自転車を蹴飛ばして威圧する」行為は
　　　　暴力であることの理解

8. 牛男が、キレた！

　牛男は自分の思い通りにならない馬子にムカついて「マジかよ！」と言って、自分の自転車を思いっきり、蹴飛ばした。
　威圧して自分の思い通りにしたかったのだ。
（＊間をおく）
　「みなさんが牛男だったら、どうしますか？」と、生徒に意見を言ってもらう。

牛男がキレた！

牛男は自分の思い通りにならない馬子にムカついて「マジかよ！」と言って、自分の自転車を思いっきり、蹴飛ばした。威圧して自分の思い通りにしたかったのだ。

みなさんが牛男だったら、どうしますか？

9. こんな時、どうしますか？

お互いを尊重するために　女の子の立場

10. 高校2年生　ヤギ子の話

　ヤギ子は高校2年生。 彼、羊とは付き合い始めて3ヶ月。羊はサッカー部で、爽やか。ヤギ子が羊に、告白をした。OKと言われた時は嬉しかったし、今も友人から「羊が彼なんてうらやましい」と言わると、なんだかちょっといい気分。

（＊笑いが出ることが多いので間を置く）

高校2年生　ヤギ子の話

　ヤギ子は高校2年生。
彼、羊とは付き合い始めて3ヶ月。
羊はサッカー部で、爽やか。
　ヤギ子が羊に、告白をした。
OKと言われた時は嬉しかったし、
今も友人から「羊が彼なんてうら
やましい」と言わると、なんだか、
ちょっと良い気分。

◆目的：スマホの事例は多く、問題化している。人の物を取り上げ
　　　たり、壊したりすることも暴力であることの理解を促す。

11. 高校２年生　ヤギ子の話

　でもヤギ子は最近イライラしている。 羊が忙しいとか言いだして、一緒に会ったり、メールの返信が来ないのが 嫌なのだ。
　「前はもっと爽やかに、話かけてくれたのに」と思うと不安でたまらない。もしかしたら他に好きな女の子ができたのではないか、と思うと不安なのだ。 昨日から５回も、「週末の花火大会に行ける？」ってメールを送ったのに、返信が無い。

でもヤギ子は最近イライラしている。羊が忙しいとか言いだして、一緒に会ったり、メールの返信が来ないのが嫌なのだ。
　「前はもっと爽やかに、話かけてくれたのに」と思うと不安でたまらない。
　もしかしたら他に好きな女の子ができたのではないか、と思うと不安なのだ。昨日から、５回も「週末の花火大会に行ける？」ってメールを送ってたのに返信が無い。

◆目的：自分自身が羊の立場になった時を
　　　 想定して考えてもらう。

12. ヤギ子がキレた！

　ヤギ子が校門の前で待っていたら、羊がスマホを見ながら歩いて来たので、妙に腹がたった。思わず、「誰からのメール　見ているのよ!!」と、羊を怒鳴りつけて、羊のスマホを取り上げた。
（＊間をおく）
　ヤギ子は校門の前で待ち、スマホを見ながら歩いてきた羊に声をかけた。「メールの返信がないから、大切に思われていないのではないかと思い不安」という気持ちを伝えた。

ヤギ子がキレた！

> ヤギ子が校門の前で待ってたら、羊がスマホを見ながら歩いて来たので、妙に腹がたった。思わず、「誰からのメール見ているのよ!!」と、羊を怒鳴りつけて、羊のスマホを取り上げた。

> みなさんがヤギ子だったらどうしますか？

◆**目的** :「**お互いを大切にすることとは？**」を教える。
自分らしくあってよいことと、関係性の距離の持ち方を理解してもらう。この関係性は男女間にも言えますが、友人同士にも当てはまります。例えば、健康的な友達関係を保つためには、いつも一緒にグループで行動しなくても良いことを理解してもらう。

13. お互いを大切にするってどういう関係？

　ピンクの枠の中は2人の世界を表しています。男性の周りの青い楕円と、女性の周りの赤い楕円は自分らしさを守る safety zone です。

　不健康な関係に陥りやすい人は、人に合わせ過ぎることが多いため、safety zone があいまいなので、点線で示しました。

　健康的な関係を持つことができる人は safety zone がしなやかで、強いので、太い実線で示してあります。2人の間で喧嘩などの混乱が起きた時、2人の世界は不安定になります。健康的な関係を保っている2人は、自分らしさもしっかりと持っているので、物事にしなやかに対応ができます。

　不健康な関係　2人だけの世界になって、恋愛を生活の中心にしてしまっている。外からの刺激を遮断しているので、暴力などの良くないことが起きた時に、助けを求めることが難しい。

　健康的な関係　2人の関係以外の、色いろなつながりを持っていることを表している。色いろな人間関係に触れ合う中で、自分らしさを作っていくことができる。

➤ お互いを大切にするってどういう関係？

不健康な関係

2人だけの世界になって、恋愛を生活の中心にしてしまっている。外からの刺激を遮断しているので、暴力などの良くないことが起きた時に、助けを求めることが難しい。

健康的な関係

2人の関係以外に、色いろな人間関係に触れあうなかで、自分らしさをつくることができる。

　この図が、今日の授業の中で1番のポイント。DV、暴力の原因となってしまうのが、関係性。

　この図は、男女の関係性だけではなく、友達関係にもあてはまります。「健康的な関係」が築いていければ、「いじめ」は減っていくと思います。「いじめ」に対しての指導や注意、いじめ防止法などの「罰」では、生徒たちはギスギスしていくだけではないでしょうか。いじめている側と称されている生徒たちも、納得がいかず、ますます悪い空気になると思います。

　健康的な関係の持ち方を理解してもらうまで、この図を説明してください。ほとんどの生徒が「なるほど、そう言われてみれば、そうかも」と言ってくれます。

14. 暴力とは何か？

　暴力の本質は、相手への支配（コントロール）。

　暴力は、怒りや衝動性から起こるものではなく、暴力という方法を選び、相手を威圧するための行為である。

　暴力を続ける人は、暴力の否定、影響を小さく評価している。

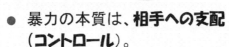

> ➤ **暴力とは何か？**

- 暴力の本質は、**相手への支配（コントロール）**。

- 暴力は、怒りや衝動性から起こるものではなく、**暴力という方法を選び、相手を威圧するための行為**である。

- 暴力を続ける人は、**暴力の否定、影響を小さく評価**している。

　殴ったり、蹴ったり、叩いたりするなどの、体に痛みを与えられることだけが暴力ではありません。暴力を振るう人の目的は、相手を支配することです。支配をするには、殴るなどの暴力が一番効果があるため、それを手段として使っているのです。某DV加害者は言っていました。「暴力を振るえば、周囲が自分にすごく気を遣うようになる。すごく偉くなった気がして、気持ちがいい。だから暴力は、相手を支配するためには一番、手っ取り早い」。

　みなさん、暴力を振るうような人のご機嫌を取らないでください。暴力を増長させるだけです。いじめをする人に、服従しないでください。「誰かがいじめられていれば、自分がいじめに遭わなくて済む、暴力的な人に服従して、一緒にいじめていれば自分が守られる」なんて、思わないでください。「これって、暴力じゃない？　嫌がらせ？　いじめ？」など、ヘンだと感じた時は、みんなで、「暴力だ」と言える環境を作っていきましょう。

◆目的：4種類の暴力があること。内閣府のHPに書かれている
　　　もので、全国調査からわかった結果であることを伝える。
　　　本当にDV被害者が経験している暴力の内容であること
　　　を伝える。

15. 暴力の種類 ── 1

①身体的暴力：殴る、蹴る、胸ぐらをつかむ、首を絞める、物を
　　　　　　　投げつける、髪を持って引きずる、薬物やアル
　　　　　　　コールの強要等。このような脅しの行為は、DV
　　　　　　　の被害者のほとんどが、経験しています。
②性　暴　力：性行為を強要する、避妊しない

暴力の種類 － 1

① **身体的暴力**：
殴る、蹴る、胸ぐらをつかむ、
首を絞める、物を投げつける、
髪を持って引きずる、
タバコの火を押しつける、凶器を使
う、薬物やアルコールの強要　等

② **性暴力**：
性行為を強要する、避妊しない

16. 暴力の種類 — 2

③精神的暴力：大声で怒鳴りつける、皆の前で恥をかかせる、バ
カにする、家族や友達に会わさない［友人や家族
から隔離するために、友人や家族の悪口を言う
ことが多い］、許可無しに行動させない、当たら
ないように物を投げつける、無視、眠らせない、
「お前がおかしい」と言う、ストーカー行為、舌
打ち、スマホをチェックする。
④経済的暴力：お金を巻き上げる、貸したお金を返さない、働く
ことを許さない、いつもおごらせる。

精神的な暴力の中で、DV加害者に多く見られるのは、相手の友人や家
族の悪口をいうことです。例えば「お前の友達って暗い人が多いよね」、
家族の場合は「お前の両親って、すごくケチだよね。あんなケチな人、
初めてだよ」など、孤立させる方法を考えて、支配しようとします。

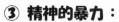

暴力の種類 -2

③ **精神的暴力：**
大声で怒鳴りつける、皆の前で恥をかかせる、
バカにする、家族や友達に会わさない、許可無
しに行動させない、当たらないように物を投げ
つける、無視、眠らせない、「お前がおかし
い」と言う、ストーカー行為、舌打ち、スマホ
のチェック。

④ **経済的暴力：**
お金を巻き上げる、貸したお金を返さない、働
くことを許さない、いつもおごらせる。

内閣府HP

◆目的：暴力のパターンの図。DV 被害者の多くの方が、「この図を知っていれば、未然に防げたのに」と言っていることを教える。

17. 暴力の車輪（DV のサイクル）

　爆発期 では暴力がおこる。暴力を振るう人は、暴力を行うことでスッキリするために、その後、謝ったり、急に優しくなります。これを、**ハネムーン期** と言います。しかし、その行為はイライラの**蓄積**になり、また暴力が起きます。暴力の質は、回を重ねる毎に大きくなり、また、すぐに優しくなる行為に入ります。そして、またイライラが蓄積されていきます。

　これらのサイクルは、最初は1ヶ月に1回の暴力から、2週間に1回、1週間に1回、1日置きなど、ペースも速くなり、被害者はサイクルに巻き込まれて逃げられなくなります。暴力により、無力感を植えつけられていくのです。

　これはアメリカの心理学者 Lenore E. Walker 氏が考案した図式です。

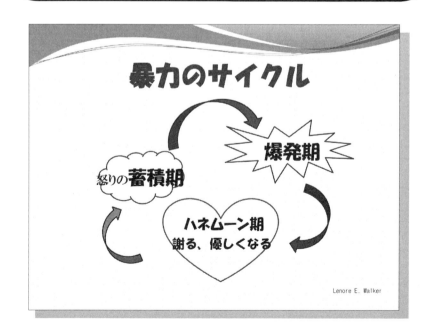

◆目的：DV とは、暴力の中の１つ。体罰、いじめ、ハラスメント、傷害なども、暴力であることを教える。

18. ドメスティック・バイオレンス（Domestic Violence）とは何か？

　Domestic Violence を略して「DV」ということもある。Domestic とは「家庭内の」という意味で、親しい関係の時に使われている。明確な定義はなく、一般的には「配偶者や恋人など親密な関係にある、又はあった者から振るわれる暴力」という意味で使用されることが多い。

● 暴力を振るう人は、親しい関係になればなるほど、感情が強くなり、暴力の質が大きくなることが多い。（例）結婚すれば、落ち着くので、暴力は無くなると思ったら、反対にひどくなった。

● 普通の人は、親しい関係になればなるほど、優しい感情が強くなります。

➤ドメスティック・バイオレンス （Domestic Violence）とは何か？

● Domestic Violenceを略して「DV」ということもある。Domestic とは「家庭内の」という意味で、親しい関係の時に使われている。

明確な定義はなく、一般的には
「配偶者や恋人など親密な関係にある、又はあった者から振るわれる暴力」という意味で使用されることが多い。

・暴力を振るう人は、
親しい関係になればなるほど、感情が強くなり、暴力の質が大きくなることが多い。

（例）結婚すれば、落ち着くので、暴力は無くなると思ったら、反対にひどくなった。

・普通の人は、親しい関係になればなるほど、優しい感情が強くなる。

◆**目的：DV は身近にも起こり得ることを、統計から理解させる。**

19．DV の被害経験者

　女性の 31.3%（3 人中 1 人）、男性の 19.9%（5 人中 1 人）が、配偶者から 1 度でも、ひどい暴力を受けたことがある。（2018 内閣府調査結果 5000 人無作為配布、67.5% 有効回収）。

　10 歳代〜 30 歳代で、女性は 21.4%（5 人中 1 人）、男性は 11.5%（9 人中 1 人）が交際相手からひどい暴力を受けたことがある。（2018 内閣府調査結果　10 代〜 30 代に交際相手がいた 1,833 人　女性 969 人、男性 864 人対象）。

　心身の不調の中には、鬱状態になってしまう若者も多いです。また、せっかく苦労して第 1 希望の大学に入学しても、DV の加害者が同じ大学にいることにより、被害者が大学をやめた例もあります。また、せっかく希望の会社に入社できたのに、辞めざるを得なくなった例もあります。このような時は、DV 防止法の保護命令などを使って、加害者が逮捕されるように、相談センターや周囲の人から知恵を得てください。

> ## ➤ DVの被害経験者

- **女性の31.3%（3人中1人）、男性の19.9%（5人中1人）が、配偶者から1度でもひどい暴力を受けたことがある。**（2018 内閣府調査結果　5000人無作為配布）

- **10歳代〜30歳代で、女性は21.4%（5人中1人）、男性は11.5%（9人中1人）が交際相手から1度でもひどい暴力を受けたことがある。**

（2018 内閣府調査結果　10代〜30代に交際相手がいた 1,833人　女性969人、男性864人対象）

◆目的：暴力に「気付く」ことが大切であることを教える。

20．DV は他人事ではない

● 自分自身が経験（被害・加害）するかもしれない。
● お友達が経験（被害・加害）するかもしれない。「身近な問題。
　気付くことが大切」

> DVは他人事ではない

・自分自身が経験（被害・加害）する
　かもしれない。
・お友達が経験（被害・加害）するか
　もしれない。

とても身近な問題
気付くことが大切

21. 身近でDVがおきていたら！

　あなたはまず、自分を暴力から守る必要があります。

　暴力を親から受ける（虐待）、親同士の間で暴力があるのは（DV）で、暴力にさらされていることは、あなたにとって悪影響です。

　相談機関に、助けを求める必要があります。または、信頼できる大人に相談をしましょう。

➢ 身近でDVがおきていたら

・あなたはまず、自分を暴力から守る必要があります。

・暴力を親から受ける（虐待）、親同士の間で暴力があるのは（DV）で、暴力にさらされていることは、あなたにとって悪影響です。

・相談機関に、助けを求める必要があります。または、信頼できる大人に相談をしましょう。

◆**目的：DV に気付いたら、まず、電話相談をすることを伝える。**

22. DV の電話相談窓口

まず、電話で「どうすれば良いか」聞いてみましょう。
①寄り添いホットライン（DV 相談）
　24 時間フリーダイヤル　**0120-279-338**
②内閣府 DV ナビ（相談機関の紹介）**0570-0-55210**
③警察相談専用電話　**＃9110**

内閣府の男女共同参画局のホームページも参考にしてください。
その他の場所も別紙を配りますので、参考にしてください。

DVの電話相談窓口　📱

・まず、電話で「どうすれば良いか」聞いてみましょう。

①寄り添いホットライン（DV相談）
　　24時間フリーダイヤル　**0120-279-338**
②内閣府DVナビ（相談機関の紹介）
　　　　　　　　0570-0-55210
③警察相談専用電話　　**＃9110**

内閣府の男女共同参画局のホームページも参考にしてください。

　困った時は 1 カ所ではなく、複数の電話相談にかけてみてください。周囲の人が DV で困っている時も同じです。思うように援助が得られない時もあるかもしれません。そのためにも、あきらめずに、複数の場所に電話相談をしてください。

◆**目的：DV被害者が、なぜ逃げる決断に時間を要するのかを理解する。**

23. なぜ被害者は逃げないの？

　「DV被害者は、なぜ、逃げないのか」、「なぜ、戻ってしまうのか」という疑問を持つ人が多いと思います。それは「学習性無力感」が原因にあります。

　米国の心理学者であるセリグマンは、犬で実験をしました。左の犬は、ボタンを押せば扉が開く檻の中で生活をしています。右の青い檻は、触れると電気ショックが起きる檻です。右の青い檻の中にいる犬は、1度、電気ショックを体験してしまったため、「檻が怖い、外には出られない」ということを学習してしまいました。

なぜ、被害者は逃げないのか？
学習性無力感　セリグマン（米国の心理学者）

檻にさわると電気ショックがおきる、怖い！

ボタンを押せば檻が開くんだ！

24. 学習性無力感　セリグマン

　電気ショックを経験してしまった犬を、ボタンを押せば扉が開いて、自由に外で過ごすことができる檻に入れました。しかし、この犬は、ボタンを押しませんでした。そこで、この犬を檻の外に出してあげました。しかし、自由に遊びまわるようなことはせずに、その場でうずくまっていました。

25. 学習性無力感は DV 被害者にもあてはまる

　左側の家の女性は、自由に出かけることができる安心な家庭で生活をしています。

　しかし、右側の家の玄関には、いつも夫が、外に出ようとする妻を見張っていました。この妻は、外に出ようとしたときに、1度、夫に殴られました。それ以来、この家から逃げることはできないと思うようになってしまいました。

　この症状は、セリグマンが実験した犬と同じです。人間は生物であるため、動物と同じように恐怖を経験すれば、同じ反応を繰り返します。

26. 恐怖を味わった女性（人間）

　玄関で夫からひどい暴力を受けた女性を、安全な家に避難させました。しかし、この女性は、安全が確保されていても、外に出ようとしません。そこで、「外の空気を吸うこともいいよ」と言って、玄関のところに連れて行きましたが、そこで不安発作が起こってしまいました。1度逃げることに大失敗をしてしまった、この女性の気持ちのなかには、「どうせ逃げられない」という学習性無力感が植えつけられてしまいました。

27. DV、暴力などの心の傷から回復するための方法

　DV、性暴力、いじめ、虐待などの被害経験は、残念ながら忘れることはできません。忘れようとすると、トラウマとして追いかけてきます。これは回復のための妨げになります。周囲の人は心の傷を抱えている人に「もう、忘れよう」という言葉をかけてはいけません。

　では、トラウマから回復していくためには、どのような方法があるか？　薬物療法や認知行動療法などもありますが、自分でできることとして、①自分の症状を「語る」ことで、だいぶ緩和されます。②リラクゼーションや呼吸法、エクササイズ、体への気づきも、症状を楽にします。③トラウマについて勉強し、症状について知るだけでも、苦痛が和らぎます。

DV、暴力などの
心の傷から回復するための方法

- DVや性的暴力、いじめを受けた経験などは、忘れることはできない。忘れようとすると、トラウマとして追いかけてくる。

回復の妨げになる

トラウマからの回復の方法

1. 自分のトラウマの症状を知ったり、症状を語りあうことにより、いろいろなことがわかり、楽になる人が多い。
2. リラクゼーションや呼吸法、エクササイズ、体への気づきも症状を楽にする。
3. 暴力の被害者に起きる症状について、本や講演で勉強して、症状について知るだけでも、苦痛が和らぐ。

生徒参加型ロールプレイ
―お互いを尊重できる会話を考える―（10分～20分）
目的：
①具体例から、男女ペアで会話をすることにより、お互いを尊
　重できる会話を身につける。
②クラス全体で、お互いを尊重できる会話を発言しながら作る。

28. お互いを尊重できる会話　下校の場面

　　高校１年生が考えてくれた会話です。何気ない言葉ですが、
このような言葉が「尊重」だと思います。自然と出てくるように
なると気持ちが良いので、クラス全員で会話をしてみましょう。

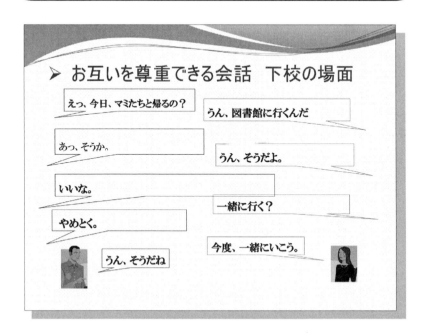

<blockquote>
➤ お互いを尊重できる会話　下校の場面

えっ、今日、マミたちと帰るの？　　　うん、図書館に行くんだ

あっ、そうか。　　　うん、そうだよ。

いいな。　　　一緒に行く？

やめとく。　　　今度、一緒にいこう。

うん、そうだね
</blockquote>

28. お互いを尊重できる会話　下校の場面

これは高校2年生が考えてくれた会話

> ## お互いを尊重できる会話　下校の場面
>
> えっ、今日、マミたちと帰るの？
>
> うん、図書館に行くんだ
>
> えっ、いいな。
>
> 勉強、してる？
>
> うん、してる。
>
> 頑張って。
>
> 頑張ります。
>
> バイバイ。
>
> また、明日。

29. 場面や、行く場所を変えて、
　　お互いを尊重できる会話を考えてみよう。

30. 女子から会話を投げかけて、
　　お互いを尊重できる会話を考えてみよう。

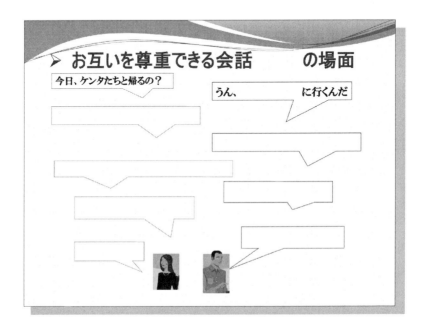

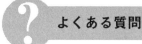

Q1. 暴力と DV の違いは何ですか？

A1. DV とは、暴力の中の1つです。いじめ、ハラスメント、体罰、傷害、脅しなども暴力です。DV とは Domestic Violence の略で「家庭内の暴力」と日本語では訳しますが、正しくは「親密な関係にある人、あった人から受ける暴力」です。暴力的な人は、親しくなればなるほど、支配的になり、暴力の質が大きくなります。この、親しい間での暴力は、「支配」が大きく絡み、他人の目には見えない場所で起こるので、助けを求め難く、暴力の中でも、死に至る可能性が大きいものです。

Q2. DV のサイクルとは、何ですか？

A2. 「暴力の車輪」と言う人もいます。DV の1番の特徴で、加害者は暴力を振るった後に、快感を覚えます。加害者の1番の目的は「支配」だからです。暴力によって、「支配」を強化していくのです。被害者が逃げようとすると、謝罪をしたり「君だけを愛している」などの言葉を発しますが、口先だけです。反対に、謝られた被害者は「本当はこの人は自分のことを愛しているのだ」と思い、「まだ、やり直せるのではないか」とか、「この人の暴力を止めさせることができるのは自分だけだ」などと思い込むのですが、加害者は、また、暴力を振るうのです。暴力を振るう人は、相手を、「ストレス解消程度の砂袋」としか思っていません。また、支配をしやすい人を選んでいます。暴力で人を支配して、優位に立つことにより、自分の弱さを補おうとしています。

Q3. なぜ、このプログラムは「尊重とは？」から入って「尊重できるロールプレイ」で終わるのですか？

A3. 「尊重」の反対側で起こることが「暴力」だからです。「尊重できる会話」が自然と増えれば、暴力も減っていくと考えているからです。

おわりに

本書を活用してくださった皆さまへ

　最近、中学生・高校生や大学生、そして若者の間での、「交際相手、または元交際相手からの暴力」が殺人事件にまで発展している報道が、後を絶ちません。

　このプログラムを作成した理由は、DV を撲滅していくには、1 度でも DV 予防教育の講義を受けて、知識を身につけておけば、かなりの割合で、被害や加害を未然に防ぐことができると考えたからです。また、自分自身が被害者や加害者にならなくても、周囲で DV が起きていた時に、援助をすることができるようになるだろうと思います。

　DV、暴力は「尊重する」という考えが欠けている時に起こるものです。尊重のある関係性の持ち方を教えていけば、これらの行為は減っていくと思います。

　このプログラムの最後で、「尊重できる会話」のロールプレイを行いました。自然と、このような会話が増えていけば、お互いが優しい会話を交わしあえるようになると思います。

　DV を予防したいという私の一心は、私自身が DV 被害を受け、苦しい思いをしたからです。「このような思いを若い世代の人たちには経験してほしくない」という思いで作り上げました。

　実際にプログラムを受けた生徒の意見のなかには「お互いに成長していけるようなお付き合いをしたい」、「DV にはサイクルがあるのを初めて知った」、「普段、友達がしていることが DV だと、今日の授業で感じた」など、講義を受けることの大切さが寄せられました。

　多くの方に、この冊子を読んでいただき、1 人でも多くの若者が、暴力や DV の当事者にならないように教育してくださることを願っています。

著者プロフィール

須賀朋子（すが　ともこ）

1969 年東京都生まれ。
筑波大学大学院人間総合科学研究科ヒューマン・ケア科学社会精神保健学分野を 2015 年 2 月に早期修了。博士（学術）。
東京都公立中学の教員を 19 年間勤務する。その後，ドメスティック・バイオレンスの研究をするために退職をして博士論文執筆に専念。2014 年に国立茨城工業高等専門学校人文科学科講師を経て，2015 年から酪農学園大学教職センター准教授に就任し，現在に至る。専門は DV，デート DV，特別支援教育。

2013 年度　日本女性学習財団奨励賞受賞，
2014 年度　性の健康医学財団賞受賞
著書に「中学生へのドメスティック・バイオレンス予防啓発に関する研究」（風間書房，2015），「保育士・教師が DV 被害を受けた親子を理解するための本」（かりん舎，2018）がある。

中学生・高校生のための
DV、暴力予防教育 プログラム

著　者	須 賀 朋 子	
表紙装画	チアキ（ぷるすあるは）	
発 行 日	2020 年 1 月 30 日	
発 行 所	有限会社かりん舎	
	011-816-1901	

ISBN978-4-902591-37-8